# CONOCE A JESÚS EL HIJO DE DIOS

## JESÚS TE OFRECE UNA NUEVA VIDA

Rodríguez, Marisela
  Conoce a Jesús el Hijo de Dios: Jesús te ofrece una nueva vida /
  Marisela Rodríguez; edición literaria a cargo de Luis Pedro Videla
  1ª ed. - Buenos Aires: Deauno.com, 2010.
  96 p.; 21x15 cm.

  ISBN 978-987-1581-78-8

  1. Religión. 2. Cristianismo. I. Videla, Luis Pedro, ed. lit. II. Título
  CDD 230

contacto@elaleph.com
http://www.elaleph.com

*Para comunicarse con la autora:* mm2309@hotmail.com

Primera edición

ISBN 978-987-1581-78-8

Hecho el depósito que marca la Ley 11.723

# MARISELA RODRÍGUEZ

# CONOCE A JESÚS EL HIJO DE DIOS

## JESÚS TE OFRECE UNA NUEVA VIDA

*deauno.com*

# Contenido

Introducción ................................................ 9

La Biblia ....................................................... 11

El plan de Salvación ................................... 17

Otros títulos o características
que se le otorgan a Jesús ........................... 21

Profecías sobre Jesús ................................. 23

¿Quién es Jesús? ......................................... 39

La Deidad de Jesús ..................................... 47

¿A que vino Jesús a la tierra? ................... 51

El Evangelio ................................................ 55

La vida de Jesús .......................................... 59

Su Ministerio .............................................. 63

Su Muerte .................................................... 69

Su Sacrificio en la Cruz y Su Sangre ....... 75

Su Resurrección .......................................... 79

Su Ascensión .............................................. 81

Jesús Regresará .......................................... 83

Conclusión .................................................. 87

Referencias .................................................. 93

# Introducción

QUIZÁS HAS ESCUCHADO hablar de Jesús el Hijo de Dios, pero desconoces el plan de salvación de Dios para la humanidad a través de Él. ¿Qué es El Evangelio de Jesucristo? Tal vez tengas algunas dudas acerca de la existencia de Jesús y quien era realmente. ¿Era Jesús quien decía ser? ¿Es posible realmente adquirir la Vida Eterna a través de Él?

Es posible que sientas un vacio en tu vida que nada ni nadie ha podido llenar y por alguna razón que no te puedes explicar te has sentido atraído a conocer a Jesús. Te diré algo: estas buscando en el lugar correcto, Dios te ha escuchado y tiene la respuesta para ti, "Jesucristo es el camino, la verdad y la vida, y quiere llenar todo tu ser".

Quizás ya eres parte de Él. Tomaste una decisión y lo aceptaste como tu Señor y salvador. Ahora eres salvo, has adquirido la vida eterna como regalo de Dios por haber recibido y creído en su Hijo. Eres un cristiano, pero en tu afán diario de la vida, no has tenido la oportunidad de entender realmente ¿A que vino el Hijo de Dios a la tierra? ¿En que nos beneficia su vida? ¿Qué significa el sacrificio en la cruz, su muerte, su resurrección, su ascensión? ¿Qué valor tiene su sangre? ¿Dónde está ahora? ¿Regresará? ¿Cuándo? ¿Qué pasará en su regreso?

Sea cual sea tu situación, oro al Señor para que a través de estas líneas que leerás a continuación, tu vida quede llena del Amor y el conocimiento de Jesús y que entiendas que Jesús no sólo murió para darte salvación (Vida Eterna), sino para que seas libre, para darle sentido a tu vida, llenarla, restaurarla, de manera que puedas vivir una vida plena y en abundancia.

# La Biblia

*Porque la palabra de Dios es viva y eficaz,*
*y más cortante que toda espada de dos filos;*
*y penetra hasta partir el alma y el espíritu,*
*las coyunturas y los tuétanos,*
*y discierne los pensamientos*
*y las intenciones del corazón.*
(Hebreos 4:12)

**La Biblia**: Es La Palabra de Dios. La Biblia es un conjunto de libros canónicos que está dividido en dos partes, Antiguo Testamento (AT) y Nuevo testamento (NT). El antiguo testamento contiene treinta y nueve libros y el Nuevo testamento contiene veinte y siete, que en conjunto hacen un total de sesenta y seis libros. Ambos son usados por los cristianos, tanto para su vida espiritual como secular. La palabra "Biblia" se deriva del término griego "Biblos" que significa libros.

La Biblia contiene los libros de las Sagradas Escrituras. Fue escrita por hombres bajo la guía y la inspiración del Espíritu Santo de Dios (2 Timoteo 3:16). La Biblia es el patrón de autoridad y enseñanza para los cristianos. Es un libro histórico y doctrinal, el cual debemos consultar para todo lo referente a nuestro diario vivir. No sólo nos ayuda a crecer espiritualmente sino también todo lo relacionado a nuestro desarrollo como persona.

Dios siempre ha querido tener una relación con el hombre, y se ha dado a conocer a través de su palabra. La Biblia es el manual de la vida que Dios te ha dado para enseñarte todo lo que debes saber acerca de Él y de ti mismo. Te instruirá para ser un buen hijo, un buen siervo, un buen esposo, un buen padre, un buen prójimo y todo lo concerniente a ti y a tu vida, para que vivas una vida íntegra, con amor, paz, gozo, salud, armonía, balance, prosperidad material y prosperidad espiritual.

Si te dejas guiar por este manual, aprenderás todo lo necesario para vivir una vida plena, intensa y completa. La palabra de Dios es fiel y verdadera y para algunos que dudan les diré que si escudriñan La Biblia quedarán convencidos de su veracidad. Existen algunas personas que se les hace más fácil creer en los libros de historia y en los diccionarios, que en La Biblia.

Sabrás si un producto es bueno y auténtico cuando lo uses y veas los resultados. Si eres uno de los que dudas de La Biblia te exhorto a que comiences a estudiarla y a ponerla en práctica, sin omitir ninguna parte, y estoy segura que obtendrás transformaciones impactantes y no sólo confiarás en que es la palabra de Dios sino que querrás compartirla con todo el mundo.

Te reto a que estudies La Biblia y la compares con las historias escolares y que busque en el diccionario las definiciones y te sorprenderá saber que no sólo son los mismos datos sino que en La Biblia encontrarás acontecimientos que fueron declarados por Dios a través de sus siervos los profetas, mucho antes de que estos ocurrieran. Y mientras te decides me gustaría compartir dos profecías contigo.

**Profecía**: Predicción que se hace de cosas futuras por inspiración divina.

**Primera**: Que dice de Ciro: Es mi pastor, y cumplirá todo lo que yo quiero, al decir a Jerusalén: Serás edificada; y al templo: Serás fundado (Isaías 44:28). Puedes seguir leyendo en Isaías 45:1-7, estas palabras fueron declaradas alrededor de unos doscientos años antes de ocurrir.

Jehová declaró el nombre de la persona que Él usaría años más tarde para liberar su pueblo del exilio en Babilonia (Esdras 1:1-4) y para reedificar la ciudad de Jerusalén y el templo. Investiga la fecha que el profeta Isaías declaró estas palabras y la fecha que Ciro fue Rey de Persia y lo que hizo en su reinado.

**Segunda**: Altar, altar, así ha dicho Jehová: He aquí que a la casa de David le nacerá un hijo llamado Josías, el cual sacrificará sobre ti a los sacerdotes de los lugares altos que queman sobre ti incienso, y sobre ti quemarán huesos de hombres (1 Reyes 13:2).

Si lees 2 de Reyes, los capítulos 22 y 23 sabrás que aquí se habla de JOSÍAS, rey de Jerusalén. Josías fue el rey numero dieciocho desde el rey David. De este Josías fue que el varón de Dios profetizó unos trescientos treinta años antes de que este naciera. En esta profecía también se declaró el nombre y los hechos de la persona que derribaría los altares dedicados a dioses falsos. Esta profecía al igual que todas las demás se cumplió tal y como el profeta lo declaró.

También están todas las profecías acerca de la venida de un Salvador, del Ungido de Dios, El Mesías, Un Rey y su Reinado Eterno (Isaías 9:1-7). Dios eligió hombres, que fueron profetas, siervos de Dios, para darle a conocer al mundo su voluntad, sus propósitos y todos los acontecimientos venideros. Estos hombres no fueron forzados a servirle a Dios sino que ellos estuvieron dispuestos a servir como instrumento de Dios para ayudar a otros, como lo fue el profeta Isaías. *Después oí la voz del Señor, que decía: ¿A quién enviaré, y quien irá por nosotros? Entonces respondí yo: Heme aquí, envíame a mí* (Isaías 6:8).

Dios sigue buscando hombres y mujeres que quieran servirle para establecer la justicia divina, en la tierra. Si eres una de esas personas que desea verdaderamente ser instrumento de Dios y estas dispuesta(o) a ser obediente, sólo abre tu boca en este momento y dile al Señor lo mismo que dijo el profeta Isaías:

*"Heme aquí. Envíame a mi"*

Un propósito muy especial de Dios es el deseo de salvar el mundo del juicio venidero, para esto prometió enviar un Salvador. He aquí que Jehová hizo oír hasta lo último de la tierra: Decid a la hija de Sion: He aquí viene un Salvador; he aquí su recompensa con él, y delante de él su obra (Isaías 62:11). Tu creador te ama y quiere salvarte de la destrucción venidera a causa del pecado.

Dios no sólo quiere que lo veas como tu creador si no también, Él quiere ser tu padre y como todo buen padre siempre tendrá los mejores deseos para ti (Jeremías 29:11-13). Jehová es un padre perfecto y nunca haría nada para hacerte daño. Dios creó el mundo, te creo a ti, pero sólo será tu padre si tú se lo permites.

Es importante que sepas que para tener al Padre debes recibir, cree, confesar, declarar a su Hijo Jesús como tu Señor y perseverar en la doctrina de Cristo. *Cualquiera que se extravía, y no persevera en la doctrina de Cristo, no tiene a Dios; el que persevera en la doctrina de Cristo, ése si tiene al Padre y al Hijo* (2 Juan 9).

Oro con todo mi corazón para que Dios ponga un especial entusiasmo en ti, por leer con detenimiento este libro, con verdadero deseo de entender y conocer a Jesús. Deseo que Dios active tus cinco sentidos de manera que no sólo entiendas lo que estás leyendo, párrafo por párrafo, si no que queden grabados en tu mente y tu corazón y que al finalizar no tengas ninguna duda de la existencia del Hijo de Dios y que lo recibas como tu señor y salvador para que comiences a recibir todas las bendiciones que Dios tiene para ti.

# EL PLAN DE SALVACIÓN

*Jehová desnudó su santo brazo*
*ante los ojos de todas las naciones,*
*y todos los confines de la tierra verán*
*la Salvación del Dios nuestro.*
(Isaías 52:10)

TODO COMENZÓ CON la creación del mundo. Dios creó los cielos y la tierra y todo lo que en ellos hay. Dios creó al hombre y a la mujer con amor, los bendijo y les dio autoridad sobre todo lo creado en la tierra. Dios permitió al hombre comer de todo árbol creado, pero les informó que del árbol de la ciencia del bien y del mal no debían comer, les hizo saber por qué razón no debían comer de este árbol, Dios le advirtió que si comían de este árbol morirían. *Mas del árbol de la ciencia del bien y del mal no comerás; porque el día que de él comieres, ciertamente morirás* (Génesis 2:17).

Cuando Dios te creó, te dio la facultad de tomar decisiones, te dio libertad para escoger, te dio **Libre Albedrio** (Deuteronomio 30:19). Por lo tanto debes entender que Dios no te ha impuesto sus estatutos, te los ha dado porque sabe lo que es mejor para ti y te ha dejado elegir, pero te ha advertido la consecuencia de tus malas elecciones.

Hay algo que debes reconocer, todo fabricante conoce su producto, por lo tanto el fabricante sabe mejor que nadie ¿Qué usó para hacer este producto? ¿Cómo funciona? ¿Qué necesita para funcionar? ¿Cómo debe ser usado para mayor duración? te advierte qué podría ocasionar un daño en el producto, y en caso de algún daño sabe mejor que nadie donde buscar y como restaurarlo.

En otras palabras, todo lo concerniente al producto lo sabrás si recurres al fabricante o al manual que el fabricante te ha dado para darte a conocer todo lo referente al producto. De la misma manera debes reconocer que Dios te creó, Él sabe mejor que nadie lo que es mejor para ti y ante cualquier situación tu primer paso debe ser recurrir a Dios, tu creador, y al manual que tu creador te ha dado "La Biblia", úsala. Esta es una buena ocasión para hacerlo, confirma cada verso bíblico que encuentres en este libro.

Entendiendo todo esto, debemos admitir que fue decisión del hombre desobedecer a Dios, y que como Dios mismo lo advirtió esta desobediencia, que es pecado tenía una consecuencia "la muerte". El conocer la ciencia del bien y el mal le dio al hombre más oportunidad de elección y desafortunadamente desde ese entonces hasta hoy el hombre sigue tomando decisiones que siguen afectando no sólo al hombre mismo, sino a toda la creación (Romanos 8:21-23).

Dios no es el responsable de todas las cosas malas que suceden, son las malas decisiones del hombre. Cuando el hombre desobedeció, le otorgó a Satanás la autoridad que Dios le había dado sobre la tierra. Por lo tanto desde entonces Satanás ha estado trabajando para destruir la creación de Dios. Cada vez que pecamos le abrimos las puertas al enemigo, le damos autoridad (permiso) para robarnos y destruir nuestras vidas, nuestra casa, nuestros hijos, nuestra familia y nuestras posesiones.

Con sutiles mentiras y engaños, nos roba las bendiciones que Dios tiene para nosotros, porque Satanás es ladrón y mentiroso, y vino para robar, matar y destruir (Juan 10:10), pero Dios envió su hijo para poner al descubierto las malas obras de Satanás, sus engaños y sus mentiras.

De la misma manera que Satanás engañó a Adán y a Eva y ellos decidieron desobedecer, de esa misma forma lo sigue haciendo hoy en día. El hombre sigue siendo engañado, sigue tomando malas decisiones y Satanás apoderándose de sus vidas y destruyendo tanto al hombre como la tierra y todo lo que en ella hay.

Pero Dios que es grande en amor y misericordia elaboró un plan "El plan de salvación". Dios envió a su propio Hijo, su único Hijo "Jesús" a quitarle a Satanás lo que él le quito al hombre, *La Vida Eterna, La Felicidad, La Paz, La Autoridad sobre la tierra* y más. El Hijo de Dios venció, triunfó. Jesús no sólo venció a Satanás sino que venció la muerte. Ahora toda alabanza, gloria, honra, fortaleza, sabiduría, poder y autoridad pertenecen a Jesús (Apocalipsis 5:12-13).

Es por eso que en Jesús tenemos Salvación, Redención, Restauración, Vida Eterna y mucho más.

# Otros títulos o características que se le otorgan a Jesús

A LO LARGO de toda la escritura al Hijo de Dios se le llama por diferentes títulos que en ocasiones se convirtieron en nombres. Estos títulos eran designaciones que describían a Jesús, en otras palabras eran características que determinaban su función o posición.

Es importante mencionar que estas características acompañarán a Jesús por la eternidad. Me gustaría que te familiarices con estos títulos ya que los usaré para referirme al Hijo de Dios, en el recorrido de este libro y te darán una idea de la persona de Jesús.

–El León de la tribu de Judá
–El Mediador de un nuevo pacto
–La Raíz de David, Rey Eterno
–El Testigo Fiel

–Ungido, Mesías, Cristo
–Jesús, Jesucristo
–El Señor, El Maestro, El Verbo, El Santo
–Emmanuel
–Salvador, La Luz del Mundo
–El Hijo de Dios, El Hijo del Hombre
–Primogénito de Dios
–Primogénito de los Muertos
–Admirable, Consejero, Príncipe de Paz
–Hermano Mayor
–Sacerdote por Siempre, Intercesor, Abogado
–Cabeza de la Iglesia, Piedra Angular
–El pan de Vida, La Vid
–El Buen Pastor, Puerta de las ovejas
–El Camino, La Verdad, La Vida
–El Cordero de Dios
–La Resurrección
–La vida Eterna
–El Alfa y Omega (primero y último).

# PROFECÍAS SOBRE JESÚS

*Y pondré enemistad entre ti y la mujer,*
*y entre tu simiente y la simiente suya;*
*esta te herirá en la cabeza,*
*y tú le herirás en el calcañar.*
(Génesis 3:15)

SIMIENTE QUIERE DECIR semilla o semen, por lo que podríamos interpretar que Dios puso enemistad entre la descendencia de la serpiente y la descendencia de la mujer. En otras palabras, Satanás y sus ángeles son enemigos de la generación humana. Desde ese entonces, Dios comenzó a revelar parte de su plan, de que Jesús como descendencia de la mujer vencería a Satanás y a sus aliados. De esta manera Dios le daría una oportunidad al hombre de reconciliarse con Él a través de Cristo y de vencer también a sus enemigos espirituales (Satanás y sus ángeles).

Como sabrás Dios es un Dios de pactos, que cumple sus promesas. A través de toda la historia humana hubo hombres de fe, con los cuales Dios pactó. En cada uno de estos pactos, el propósito de Dios estuvo presente "Algún día enviaría un Salvador para salvar la humanidad y restaurar su creación".

**Primer pacto** (Génesis 9:9-17): Fue el pacto que hizo con **Noé**, bisnieto de **Enoc** séptimo de la generación de **Adán**, el primer hombre. Enoc caminó con Dios y cuenta la biblia que este hombre desapareció porque Dios se lo llevo (Génesis 5:24), en otras palabras no vio muerte. Cuando Noé nació su padre **Lamec** le dio este nombre diciendo:

*Este nos aliviará de nuestras obras y del trabajo de nuestras manos, a causa de la tierra que Jehová maldijo* (Génesis 5:29), como consecuencia del pecado. Esta declaración nos hace pensar que anteriormente ya Dios había revelado acontecimientos futuros a los antecesores de Noé.

Para este entonces estaba Jehová entristecido por el pecado del hombre, dice la palabra que a Dios le dolió el corazón (Génesis 6:5-8). Puedo imaginar lo decepcionado que se podía sentir Dios con el pecado del hombre. Tal vez hayas tenido tú, alguna decepción, tal vez alguien a quien has amado con todo tu corazón te ha traicionado y te ha dolido el corazón.

Tal vez el hijo que engendraste con amor se ha rebelado contra ti y anda en todo tipo de actos vergonzosos. Podrás entender el dolor de Dios al ver la maldad del hombre sobre la tierra. La tierra estaba corrompida y llene de violencia (Génesis 6:11-12).

Dios quería raer, destruir, quitar al hombre de sobre la faz de la tierra, pero Noé halló gracia ante los ojos de Jehová, Noé agradó a Dios pues era un hombre justo. Dios hizo saber a Noé sus planes de que todo ser viviente sobre la tierra moriría. Dios enviaría un diluvio que destruiría todo, pero a él y a su familia, su esposa, sus tres hijos y las esposas de sus hijos, ocho en total, Dios los salvaría.

Noé escuchó al Señor e hizo todo como Dios se lo indicó. Noé construyó un arca y entraron en ella, él y su familia y de todos los animales una pareja, como Dios le dijo. Y cumplió Jehová su palabra y aquel día fueron rotas todas las aguas del abismo, y las cataratas de los cielos fueron abiertas y todo lo que había sobre la tierra fue destruido. Sólo sobrevivieron Noé, su familia y lo que había en el arca (Génesis 7:23).

Estableció Dios su pacto con Noé y su familia y entregó en sus manos todo lo que quedó en la tierra y le dijo que se multiplicaran y prometió que nunca más exterminaría ni al hombre ni la tierra con diluvio. Dios puso como señal del pacto "un arco en las nubes".

Hay mucho que aprender de esta historia y una de las cosas que me llama la atención es la unidad familiar, me imagino que la familia de Noé lo ayudó en todos los preparativos del arca, también observo que duraron más de siete meses encerrados en la barca, debió de ser un tiempo difícil para ellos.

Hoy en día las familias no aguantan los tiempos difíciles, a la primera, inmediatamente se habla del divorcio y no me extraña, Satanás usa estas armas, las necesidades económicas, el adulterio, el egoísmo, la ambición desmedida, la inconformidad, entre otras cosas, para separar la familia. Estas son formas de destruirnos que el enemigo usa, ya que no le gusta ni la unidad, ni la felicidad familiar, pero ¿sabes qué? Cristo tiene la llave para una familia Feliz.

Si te pones en sus manos el te dará la llave de la felicidad personal y familiar, no importa por lo que estés pasando o lo que hayas pasado si no endureces tu corazón, Él restaurará tu vida y tu familia, Aquí en la tierra y en este tiempo y de paso te usará como instrumento para ayudar a otros.

También comparo esta historia con este tiempo. Dios ha declarado al igual que en los tiempos de Noé, que destruirá todos los hombres que hacen el mal y todo sistema corrupto. El Señor le ha dado una oportunidad al hombre de arrepentirse. Dios envió su Hijo para que podamos ser salvos a través de Él, así como la familia de Noé. Pero el hombre no escucha y sigue en sus malos caminos, no entienden que Dios ciertamente cumplirá su palabra.

Tú que lees esto no seas uno de esos que teniendo oídos no escuchan, entra a la barca con Cristo para que seas salvo, y si eres de los que están en la barca procura no salir, si no mejor mantén tu corazón, tus obras y tu caminar limpios delante de Dios para que alcances las bendiciones que Dios tiene para ti en este tiempo y en la vida eterna.

**Segundo pacto** (Génesis 12:1-3): Pasaron diez generaciones desde Noé hasta **Abraham**, hombre justo y de gran fe delante de Dios. Abraham no sólo era un hombre justo y de gran fe, si no que era amigo de Dios. Fue con este hombre que Dios estableció el segundo pacto bíblico.

Dios le dijo que se fuera del lado de su familia al lugar que le iba a mostrar y le prometió que haría de él una nación grande, que su descendencia sería como el polvo de la tierra, le dijo que lo iba a bendecir, que sus bendiciones serían como las estrellas que no se pueden contar, que engrandecería su nombre y que sería bendición para todas las familias de la tierra. Prometió Dios a Abraham *que en su simiente serían benditas todas las naciones* (Génesis 22:17-18).

También le advirtió que su descendencia moraría en tierra ajena y que allí sería esclava y que sería oprimida por cuatrocientos años, pero que Dios juzgaría a esa nación y su pueblo saldría de allí con gran riqueza (Génesis 15:13-14). También prometió que sería padre de muchedumbre, de naciones y reyes, y que le daría a su descendencia la tierra de Canaán, hoy día llamada Palestina.

Esta fue una gran promesa que Dios hizo a este hombre, tomando en cuenta que su esposa era estéril, no podía tener hijos. Pero aún así este hombre hizo como Dios le dijo y esperó con fe, con la seguridad de que Dios cumpliría su promesa. Abraham no es sólo un ejemplo de fe para nosotros, sino de obediencia. Abraham cumplió su parte y esperó con paciencia y fe en Dios.

Era Abraham de cien años de edad y Sara de noventa cuando Dios confirmó su pacto y le prometió un hijo. Abraham y Sara no estaban en edad fértil, ya eran de edad muy avanzada para procrear, pero aún así Abraham no dudó de la palabra de Dios y finalmente le nació un hijo a Sara y a Abraham el cual nombraron **Isaac**. Dios no sólo honró la obediencia y la fe de Abraham, si no que el pacto de Dios con Abraham fue un pacto perpetuo (Génesis 17:7).

Aunque muchas de las promesas que Dios le hizo a Abraham eran para muchos tiempos después de su muerte, hay muchas otras que fueron cumplidas en el tiempo de vida de este, Abraham fue un hombre prospero que adquirió gran riqueza a lo largo de su vida (Génesis 13:2).

Si mueres en Cristo algún día resucitaras para vida eterna, pero en este tiempo de tu vida, Dios quiere bendecirte, devolverte lo que Satanás te ha robado, restaurarte, y enseñarte a vivir en paz y en victoria, porque Jesús no sólo murió para darte vida eterna, si no para que tengas vida y para que la tengas en abundancia.

No tienes que vivir una vida triste y derrotada mientras esperas la promesa de vida eterna, Dios te ofrece una vida plena y abundante en Cristo. Para este tiempo Jesús quiere enseñarte como derrotar a Satanás de la forma que Jesús siendo hombre también lo hizo. Dios quiere devolverte el gozo, la paz, la alegría de vivir, el amor, y muchos más.

**Tercer pacto** (Génesis 26:3): Jehová confirma con Isaac el pacto que hizo a su padre Abraham.

**Cuarto pacto** (Génesis 35:12): Tuvo Isaac mellizos, Esaú y **Jacob**, y confirmo Dios con Jacob el pacto que le hizo a Abraham. Y tuvo Jacob doce hijos y el cuarto de ellos fue llamado **Judá**, en este se cumple la palabra que dice: que el Mesías saldría de la tribu de Judá. En Apocalipsis 5:5 el mismo Jesús se refiere a Él mismo como el León de la tribu de Judá.

A medida de que la descendencia de Abraham, Isaac y Jacob iban creciendo, se iba estableciendo el pacto de Dios a Abraham. Los doce hijos de Jacob se convirtieron en las doce tribus de Jacob a quien Dios le cambio el nombre y le llamó **Israel**, por lo que la tribu de Jacob pasó a ser la tribu de Israel, a la cual también se le llamó, pueblo de Israel y más tarde, Israel pueblo de Dios.

De esta forma se establece que Jesús no sólo provino de la simiente de la mujer sino también de la descendencia de Abraham: Judá el hijo de Jacob o Israel, engendró **Fares** (Génesis 38:29).

Fares engendró a Hezrón - Hezrón engendró a Ram - Ram engendró a Aminadab - Aminidab engendró a Naasón - Naasón engendró a Salmón - Salmón engendró a Booz - Booz y Rut engendraron a Obed - Obed engendró a Isaí - Isaí engendró al Rey David (Rut 4:18-21)

La historia transcurría y las promesas de Dios a su amigo Abraham se iban cumpliendo, las doce tribus de Israel crecieron, fueron esclavos en Egipto por cuatrocientos años, Dios los sacos de allí bendecidos, usando a su siervo **Moisés**, quien también profetizó acerca Jesús. Les entregó la tierra de Canaán y en esta tierra el pueblo de Israel se multiplicó.

En aquellos tiempos los jueces eran quienes establecían el orden y la justicia hasta que el pueblo de Israel le pidió a Dios un rey por medio del profeta de Dios y juez de Israel **Samuel** (1 Samuel 8:5). El profeta Samuel ungió a un hombre llamado **Saúl**, por mandato de Dios, pero este Saúl fue desobediente a Jehová, por lo que su trono fue dado al rey **David**, quien venía de la descendencia de Abraham.

**Quinto pacto** (2 Samuel 7:16): Fue David un hombre conforme al corazón de Dios y amó Dios a David y le prometió Dios a David que afirmaría su reino para siempre, que su trono sería eterno, de su linaje saldría un Rey Eterno. Siglos más tarde nació Jesús del linaje de David, descendiente de Abraham. En el nuevo testamento, en el evangelio según

San Mateo en el capítulo 1 versos del 1 al 17 podrás leer la genealogía de Jesucristo, desde David.

Dios no sólo estableció su pacto con Abraham de generación en generación, si no que declaró a su pueblo, por medio de sus siervos los profetas, todas las señales acerca del nuevo rey que vendría. Las escrituras dan testimonio de Jesús (Juan 5:39), por lo que compartiré algunas de estas profecías que fueron dadas mucho antes de que Jesús naciera, pero que permitieron confirmar la identidad del Rey Eterno, cuando finalmente Dios lo envió a la tierra.

**Isaías 59:20**: Vendría un Redentor. Un redentor es alguien que paga un precio por la liberación de alguien, liberación de opresión o esclavitud. Eso es exactamente lo que hizo Cristo, pagar un precio para que podamos ser libres de la opresión de Satanás, de la esclavitud del mundo y los deseos pecaminosos de la carne, que es la concupiscencia.

**Malaquías 3:1**: Jehová enviaría un precursor, un mensajero a preparar el camino para la llegada del Mesías. Estas palabras se cumplieron en Juan el Bautista, quien abrió el camino a Jesús. *Y predicaba diciendo: Viene tras mi el que es más poderoso que yo, a quien no soy digno de desatar encorvado la correa de su calzado* (Marcos 1:2-8).

**Deuteronomio 18: 18-19**: Sería profeta como Moisés. Por mencionar una de las profecías de Jesús, te diré la profecía acerca de la Destrucción del templo de Jerusalén (Lucas 21:6). Hecho que ocurrió alrededor de unos treintaicinco años después que Jesús lo hubo profetizado, en el año 70 d. C. (después de Cristo).

**1 Samuel 2:10**: El Ungido de Jehová. Ungido es una persona que tiene la unción sagrada, que ha sido signado con el oleo sagrado. La unción de Jesús provenía del cielo, del mismo Jehová. Del verbo "Ungir" es que provienen los títulos o nombres de Jesús, "Mesías" y "Cristo". El verbo hebreo Mashach (sustantivo, Messiah) y el griego Chrio (sustantivo, Christos). En el nacimiento de Jesús se cumple la llegada del Ungido del Señor, El Cristo, El Mesías (Lucas 2:26)

**Isaías 7:14**: El Mesías nacería de una virgen. Se cumple en Mateo 1:23. Cuando María la madre de Jesús concibió del Espíritu Santo de Dios, ya estaba casada con José el padre adoptivo de Jesús, pero todavía no se había juntado con él cuando concibió, por lo que debió haber sido muy difícil para José recibirla, pero Dios que siempre llega a tiempo, dio a conocer a José su plan y este recibió a María, pero no tuvo relaciones con ella hasta que esta hubo dado a luz a Jesús.

**Miqueas 5:2**: Nacería en Belén. Se cumple en Lucas 2:1-7. Aunque María y José Vivian en una ciudad de Galilea llamada Nazaret, en aquellos días Augusto Cesar promulgó un edicto para censar a todos, cada uno en su ciudad. José pertenecía a la familia de David, por lo tanto él y María subieron a Judea, a la ciudad de David, que se llamaba Belén y estando ellos allí se le presento la hora de dar a luz a María y allí en Belén nació Jesús, en un pesebre (lugar donde comen los animales), porque no había lugar para ellos en el mesón (establecimiento público donde se hospedaban los viajeros).

**Salmo 118:22**: Sería rechazado por su gente. Se cumple en Juan 1:11, que dice que a los suyo vino y los suyos no le recibieron. No seas tú uno de los que no reciben y no creen en Jesús. Recuerda que a los que lo reciban y en Él crean, Él les dará el poder de ser hechos hijos de Dios y les regalara la vida eterna.

**Zacarías 9:9**: El futuro Rey entraría a Jerusalén en un asno. Esto se cumple en Mateo 21:5-11 cuando Jesús entra a la ciudad montado en un asno y la multitud decía ¡Bendito el que viene en nombre del Señor! ¡Hosanna en las alturas!

**Salmo 41:9**: Sería traicionado, esto se cumple en Mateo 26:14-16, cuando uno de sus discípulos llamado Judas lo traicionó, entregándolo al sumo sacerdote por treinta piezas de plata (Zacarías 11: 12). El mismo Jesús profetizo esto antes de ocurrir y no sólo esto sino que profetizo también su muerte y resurrección (Mateo 16:21).

**Salmo 69:21**: Bebería vinagre. Se cumple en Juan 19: 28-29. Cuando Jesús dijo que tenía sed, empaparon en vinagre una esponja y poniéndola e un hisopo, se la acercaron a la boca.

**Salmo 22:16-18**: Traspasarían sus pies y sus manos. Repartirían sus vestidos y echarían suerte sobre sus ropas. Se cumple Mateo 27:35 minutos después de haberlo colocado en la cruz, no sólo traspasaron sus pies y manos con clavos si no que también traspasaron su costado con una lanza, pero aún así ninguno de sus huesos fueron quebrados.

En la antigüedad se estableció que de los animales sacrificados a Jehová no se le quebrarían los huesos, de esta misma forma a Jesús no se le quebró ni un hueso en el sacrificio en la cruz (Juan 19:33-34).

**Salmo 22:7-8**: Se burlarían y lo insultarían. Se cumple en Mateo 27:39-43. En ese entonces las personas que pasaban por el lugar lo insultaban y se burlaban diciendo: sálvate a ti mismo; si eres Hijo de Dios desciende de esa cruz. Hay muchas personas que no entienden que el poder de Dios sólo se usa para llevar a cabo la voluntad de Dios, no para meritos o beneficios propios. La recompensa de un Siervo de Dios viene de lo alto no del hombre.

**Isaías 53:3-12**: Guardaría silencio ante sus acusadores (Mateo 27:14), sería procesado, condenado, moriría como sacrificio por nuestros pecados, sufriría junto a criminales (Marcos 15:28) y rogaría por sus enemigos (Lucas 23:34).

**Salmo 22:1**: Dios mío, Dios mío ¿por qué me has desamparado? Se cumple en Mateo 27:46. Jesús dijo estas palabras minutos antes de morir después de haber pasado un largo trayecto de dolor. Hay un momento que el ser humano, de tanto sufrimiento pierde la conciencia y dice palabras de las cuales ya no tiene noción, y este debió ser el caso de Jesús, ya que Jesús era cien por ciento humano y fue mucho el martirio que sufrió.

Jesús luego de ser traicionado fue arrestado y atado, fue juzgado y condenado injustamente ya que Él era inocente de las acusaciones. Le escupieron en el rostro, le dieron puñetazos, lo abofetearon y le golpearon la cabeza con una caña. Fue escarnecido y menospreciado, lo azotaron y lo entregaron para ser crucificado.

Clavaron sus manos, sus pies y le traspasaron el costado con una lanza. Todo esto fue profetizado y fue cumplido y todo fue permitido por Dios por amor a nosotros. Este fue el precio (precio de sangre) que el Hijo de Dios pagó por nuestros pecados.

**Salmo 110:4-6**: Juró Jehová que El Señor sería Sacerdote para siempre. Ciertamente la historia de Jesús no quedo en muerte ya que Él resucitó al tercer día y luego de unos días más, subió al cielo y es allí donde está ahora. Jesús ha vencido, venció la muerte, y está sentado a la derecha de su Padre y desde allí intercede como abogado y sacerdote de todo aquel que lo recibe.

Todas y cada una de estas profecías se cumplieron y Dios ha entregado todo el poder a su Hijo amado y ahora Él es nuestro juez y todo aquel que en Él crea no será avergonzado (Romanos 9:33), porque Jesús es real, Él está vivo y un día regresará a buscar a su pueblo y a juzgar las naciones.

# ¿QUIÉN ES JESÚS?

*Y dará a luz un hijo,*
*y llamaras su nombre JESÚS,*
*porque el salvará a su pueblo de sus pecados.*
(Mateo 1:21)

TODO NIÑO QUE nace es un regalo de Dios pero hace más de veinte siglo nació un niño que fue el regalo más especial de Dios, su Hijo Jesús. Este fue presentado en la historia como Hijo de madre humana y Padre divino, Dios hecho Hombre. Jesús, el Hijo de Dios es también el Hijo del Hombre, simiente de la mujer.

Aunque Jesús era Hijo de Dios, Él asumió las exigencias y las necesidades de la naturaleza humana, Él se identificó plenamente con el hombre. La evidencia de la humanidad de Cristo se manifiesta en las sagradas escrituras. Jesús experimenta cansancio (Juan 4:6), sueño (Mateo 8:24), hambre (Mateo 21:18) y agonía (Lucas 22: 43-44).

También experimentó reacciones emocionales como: Compasión (Lucas 7:13), llanto (Lucas 19:41), enojo, tristeza (Marcos 3:5), angustia (Mateo 26:37) y gozo (Juan 15: 11). Como hombre, Jesús fue un ser único, especial, extraordinario y justo (1 Pedro 3:18).

**Jesús** Judío de Palestina, fundador del cristianismo, es el Mesías, Hijo de Dios, nacido de una virgen llamada María por concepción divina, Jesús nunca peco (2 Corintios 5:21). Jesucristo es absolutamente el Redentor de la humanidad y el fundamento de la fe cristiana, todo lo relacionado con el cristianismo comienza en la persona de Jesucristo. Jesús ha sido el único hombre que dividió la historia en "Antes de Cristo" (a. C) y "Después de Cristo" (d. C).

El nombre propio de Jesús se deriva del hebreo Josué, que significa "Yahvéh salva" o "la salvación es por Yahvéh". Este salvador ungido es también "Emmanuel", que significa "Dios con nosotros". Su nacimiento, vida, muerte, resurrección y ascensión al cielo fue plasmada en los 4 evangelios del nuevo testamento, escritos por Mateo, Marcos, Lucas y Juan.

Los acontecimientos después de que subió al cielo están en el libro de los Hechos de los Apóstoles (discípulos), y en las Epístolas (cartas misivas). El regreso de Jesús y desenlace final de la historia humana y el surgimiento de cielo nuevo y tierra son profecías para el futuro que están registradas en el libro de Apocalipsis. Profecías que al igual que todas las demás serán cumplidas.

**Mateo** era un judío cobrador de impuesto que llego a ser uno de los discípulos de Jesús. Se refería a Jesús como el Mesías, el Rey Eterno. Este evangelio fue escrito entre el año 60-65 d. C. Sus escritos iban dirigidos a sus compatriotas los judíos con el propósito de demostrarles que Jesús era el Mesías esperado y explicarles el Reino de Dios.

En todos los tiempos los reyes y grandes líderes gozan de gran prestigio y son honrados y respetados. Su acto de presencia es siempre acompañado por gran seguridad, pompa y protocolo. De esta misma forma esperaban los judíos al rey prometido, quien los rescataría de la opresión romana en la que vivían en ese entonces y establecería un nuevo reino y gobernaría la tierra con justicia. Los judíos prestaron poca atención a la parte de las profecías que decían, que este rey sería un siervo sufrido, rechazado y asesinado.

Es por esto que la palabra dice a los suyos vino y los suyos no le reconocieron. Siendo Jesús un hombre manso y humilde, nacido en un pesebre, amigo de los pobres y los pecadores, ¿Cómo podría ser el rey esperado? Pero Jesús era, es y será por siempre el Rey de toda la tierra. *Decid a la hija de Sion: He aquí, tu Rey viene a ti, Manso, y sentado sobre una asna, Sobre un pollino, hijo de animal de carga* (Mateo 21:5).

**Marcos** no fue discípulo de Jesús, pero acompañó al apóstol Pablo, en su primer viaje misionero. Aunque en el orden bíblico el evangelio de Marcos es el segundo, en realidad Marcos fue el primero en escribir acerca de Jesús, entre el 55 y 65 d. C.

Este evangelio iba dirigido a los cristianos de Roma y el propósito de Marcos era presentar a Jesús como persona (El hijo del Hombre), sus obras (El Siervo) y enseñanzas (El Maestro) y probar que Jesús era el Mesías. *Porque el Hijo del Hombre no vino para ser servido, sino para servir, y para dar su vida en rescate por muchos* (Marcos 10:45). Jesús entró en la historia como siervo, trabajando arduamente para cumplir con la voluntad de Dios, siendo obediente en todo hasta la muerte.

**Lucas** era un medico griego y cristiano gentil (no judío), de hecho fue el único autor gentil, del nuevo testamento. Lucas fue amigo personal y compañero de viaje del apóstol Pablo. Él no sólo escribió el evangelio según san Lucas, escrito cerca del año 60 d. C. Si no también escribió el libro de los Hechos de los apóstoles.

Sus escritos iban especialmente dirigidos a los gentiles y presentaba a Cristo como hombre perfecto y salvador. *Que os nacido hoy, en la ciudad de David, un Salvador, que es Cristo el Señor* (Lucas 2:11).

**Juan** el discípulo amado de Jesucristo, el mismo que en la santa cena se había recostado de Jesús. Este evangelio fue escrito entre el 85-90 d. C. después de la destrucción del templo de Jerusalén en el año 70 d. C. Y antes de que Juan fuera exiliado a la isla de Patmos, desde donde escribió el libro de las revelaciones, Apocalipsis.

Este evangelio iba dirigido especialmente a los nuevos creyentes y a los no creyentes. Su propósito era y es probar que Jesús es el Hijo de Dios y que todos los que crean en Él tendrán Vida Eterna (Juan 3:36). En su evangelio Juan se refirió a Jesús como la luz de los hombres, la gloria de Dios, el unigénito que ha dado a conocer al Padre, el agua de vida, el pan de vida, la luz. La puerta, el camino, la verdad y la vida. Jesús es El Cordero de Dios que quita el pecado del mundo (Juan 1:29).

Juan presentó a Jesús como el Verbo encarnado. *En el principio era el verbo, y el verbo era con Dios, y el verbo era Dios. Este era en el principio con Dios. Todas las cosas por él fueron hechas, y sin el nada de lo que ha sido hecho, fue hecho* (Juan 1:1-3). *Y aquel verbo fue hecho carne, y habitó entre nosotros (y vimos su gloria, gloria como del unigénito del Padre), lleno de gracia y de verdad* (Juan 1:14).

**Pablo** fue el apóstol escogido por Jesús después de su ascensión al cielo, para ser su testigo, discípulo y predicador. Pablo quien su nombre original era Saulo, era perseguidor de la iglesia cristiana, pero después de su encuentro con Jesús, se convirtió a Cristo (Hechos 9:1-19).

Pablo fue el autor, en su gran mayoría de las epístolas bíblicas del Nuevo Testamento. Le gustaba referirse a Jesús con el título "Señor". Pablo fue quien introdujo El Evangelio a los gentiles (Romanos 11:13). El amor de Dios no sólo alcanzó al pueblo de Israel (los hebreos o judíos), sino que también alcanzó a todos los gentiles de todas las naciones. Jesús no sólo murió por los israelitas, si no por todo el mundo. Es aquí donde se cumple la promesa de Dios a su amigo Abraham, donde le dice que en él serían benditas todas las naciones.

La epístola a los hebreos muestra a Jesús como el gran sumo sacerdote de Dios, sacerdote eterno.

*Pues se da testimonio de Él: Tú eres sacerdote para siempre, según el orden de Melquisedec* (Hebreos 7:17). También muestra que el mismo Jesús es un sacrificio ofrecido una vez para siempre (Hebreos 10:12).

Jesús es la piedra viva (1 Pedro 2:4). Nuestro abogado delante de Dios Padre (1 Juan 2:1-2). Él es el enviado del cielo, que se dio a sí mismo para redimirnos de toda iniquidad y purificarnos (Tito 2:14). Jesús es el Hijo de Dios (Lucas 1:32-33). En más de una ocasión el mismo Jehová Dios lo reveló. El día que Jesús fue bautizado por Juan el Bautista en el rio Jordán. *Y hubo una voz de los cielos, que decía: Este es mi Hijo amado, en quien tengo complacencia* (Mateo 3:17) y el día de la transfiguración (Mateo 17:2-5).

Hasta los demonios (espíritus inmundos) reconocían a Jesús como el Hijo del Dios altísimo y obedecían sus ordenes (Marcos 1:24-26), le temían y le rogaban (Marcos 5:7-13). Jesús fue un hombre amoroso, un siervo fiel, y un maestro incomparable.

Jesús es la imagen del Dios invisible, es el primogénito de toda la creación, todo fue creado por Él y para Él. Jesús es antes que todas las cosas, en Él habitan toda plenitud. Él es la cabeza de la iglesia, el primero de entre los muertos en resucitar y el reconciliador (Colosenses 1:15-23). Jesús el único camino a Dios, es la única fuente salvación, de vida plena y vida eterna. *Y en ningún otro hay salvación; porque no hay otro nombre bajo el cielo, dado a los hombres, en el que podamos ser salvos* (Hechos 4:12).

# LA DEIDAD DE JESÚS

*Porque un niño nos he nacido,*
*hijo nos he dado*
*y el principado sobre su hombro;*
*y se llamará su nombre*
*Admirable, Consejero, Dios fuerte*
*Padre eterno, príncipe de paz.*
(Isaías 9:6)

DEIDAD ES UNA palabra usada para referirse a Dios. La veracidad de su uso sólo se aplica a Dios Padre, Dios Hijo, y Dios Espíritu Santo. En esta ocasión hablaremos de la deidad de Jesús, de su naturaleza o esencia divina.

La existencia humana de Jesús, es un hecho que muy pocos dudan. Tanto las profecías de la antigüedad con respecto al Mesías, como los testigos oculares de la época en la cual Jesucristo anduvo en la tierra, respaldan esta realidad. Las Sagradas escrituras son testigo fiel de este hecho. Para negar la existencia de Jesús habría que negar la historia de la humanidad, de manera tal que es imposible negar que el Hijo de Dios estuviera entre nosotros, hace más de dos mil años.

Lo que a muchos le ha costado creer o admitir es la deidad de Jesús, pero para negar la deidad de Jesús tendríamos que hacer a Dios Padre mentiroso, ya que fue el mismo Jehová Dios quien constituyó Dios a su Hijo. Alrededor de setecientos años, antes de que Cristo naciera le fue revelado al profeta Isaías la deidad de Jesús. Revelación que provino del mismo Dios y el cual no miente.

Durante el periodo que Jesús estuvo entre nosotros y más tarde luego de su resurrección y ascensión a los cielos, sus discípulos nos aseguraron que Jesús era Dios. El apóstol Pablo lo menciona en alguna de sus epístolas, a los romanos les escribió que según la carne, vino Cristo y que era Dios sobre todas las cosas (Romanos 9:5), en su carta a Tito le dice que Jesucristo es nuestro gran Dios y salvador (Tito 2:13).

La palabra no nos deja ninguna duda de que Jesús es Dios y que ha existido eternamente en forma de Dios y con la misma naturaleza de Dios, que se hizo hombre de manera voluntaria para redimir a la humanidad perdida, no le importo ser igual a Dios y se despojo a si mismo tomando forma de siervo, hecho semejante a los hombres, y estando en condición de hombre, se humilló a sí mismo, haciéndese obediente hasta la muerte (Filipenses 2:5-11).

La palabra no sólo establece que Jesús es Dios, sino que también es digno de toda adoración. Algunos no comparten esta realidad pero puedo mencionar en varias citas bíblicas donde Jesús es adorado (Mateo 2:2; 14:33; 28:9; 28:17) (Lucas 24:52) (Juan 9:38) (1 Timoteo 3:16).

A lo largo de las sagradas escrituras podemos observar que cada vez que un siervo de Dios se postraba ante un ángel estos les decían que no debían hacerlo, pero en ninguna ocasión que Jesús fue adorado, este contradijo a los que lo adoraron. El mismo Jehová manda a que todos los ángeles del cielo adoren a Jesús (Hebreos 1:6). Cuanto no más nosotros debemos adorar el Hijo del Dios.

Dios lo exaltó hasta lo sumo, le dio un nombre que es sobre todo nombre, para que en su nombre se doble toda rodilla de los que están en los cielos, y en la tierra, y debajo de la tierra. *Para que en el nombre de Jesús se doble toda rodilla de los que están en los cielos, y en la tierra, y debajo de la tierra* (Filipenses 2:10).

El Hijo de Dios tiene potestad para perdonar pecados (Mateo 9:6), para resucitar muertos, todo lo que hace el Padre, el Hijo lo hace igualmente, Dios ha otorgado a su Hijo el poder de juzgar y que todos honren al Hijo como honran al Padre (Juan 5:19-29). Jesús tiene el poder para dar vida eterna (Juan 17:2), Él y su Padre son uno solo (Juan 10:30).

Por más que algunos especulen, la palabra no nos deja ninguna duda de que Jesús es digno de toda la adoración, que es nuestro Rey, Señor, y Salvador. Los que dudan deberían pedirle a Dios ser llenos de su Espíritu, ya que todo aquel que tiene el Espíritu de Dios ha experimentado la forma como el mismo Espíritu nos hace adorar a Jesús y glorificarlo.

*Pero cuando venga el Espíritu Santo de verdad, él os guiará a toda verdad; porque no hablará por su propia cuenta, sino que hablará todo lo que oyere, y os hará saber las cosas que habrán de venir. El me glorificará; porque tomará de lo mío, y os lo hará saber. Todo lo que tiene el Padre es mío; por eso dije que tomará de lo mío, y os hará saber* (Juan 16:13-14).

# ¿A QUE VINO JESÚS A LA TIERRA?

*Palabra fiel y digna de ser recibida por todos:*
*Que Cristo vino al mundo para*
*salvar a los pecadores.*
(1 Timoteo 1:15)

CUANDO DIOS CREÓ los cielos y la tierra no estaba solo (Génesis 1:26), si lees esta porción bíblica notarás que Dios dijo: **Hagamos** al hombre a nuestra imagen, conforme a **Nuestra** semejanza. En las palabras hagamos y nuestra, está totalmente claro que había más de un ser involucrado en la creación. Por lo tanto debemos de saber que Jesús creó todas las cosas y todas las cosas en el subsisten (Colosenses 1:15-17).

Antes que Jesús viniera a la tierra habitaba en el cielo junto a su padre. El mismo Jesús en una ocasión que oraba a su padre le pidió: *glorifícame tú al lado tuyo, con aquella gloria que tuve contigo antes que el mundo fuese* (Juan 17:5), en estas palabras, Jesús declara sin lugar a dudas que antes de que el mundo existiera, Él ya existía y estaba con su padre.

Con la venida de Jesús, no sólo Dios cumplió la promesa hecha a su amigo Abraham, Isaac, Jacob y a David, sino que también se cumplió la promesa de un salvador que vendría a redimir al mundo. *Porque no envió Dios a su Hijo al mundo para condenar al mundo, sino para que el mundo sea salvo por Él* (Juan 3:17). Vino para poner en evidencia las mentira, las trampas, las maquinaciones y las malas obras de Satanás (1 Juan 3:8).

Jesús vino para salvar a los pecadores y liberarnos del presente siglo malo conforme a la voluntad de Dios Padre (Gálatas 1:4). Vino al mundo a cumplir obedientemente la voluntad y los propósitos de Dios, vino en el nombre de su Padre. *Porque el Hijo del Hombre vino a buscar y a salvar lo que se había perdido* (Lucas 19:10). El plan de salvación finalmente se concretó.

Jesús vino para servir, para ser ejemplo al hombre, estableciendo que con su ayuda *el hombre puede vivir sin pecar*. Vino Para dar su vida en rescate por muchos, venciendo los poderes de las tinieblas, venciendo la muerte y venciendo al mundo. Vino al mundo para dar testimonio de la verdad, a predicar las buenas nuevas de salvación a los abatidos, a darle esperanzas a los quebrantados de corazón, a publicar libertad a los cautivos, y a los presos apertura de cárcel, a consolar a los afligidos, a los angustiados darle alegría y gozo, y a re-edificar las ruinas.

En otras palabras Jesús vino para abrir tus ojos y que puedas ver que este mundo está gobernado por Satanás y tú como parte del mundo estas bajo su dominio. Jesús toca tu puerta hoy y te hace un llamado para que te pongas en sus manos, para salvarte, y para darte una nueva vida. Si te pones en sus manos al aceptarlo como tu señor y salvador, ya no pertenecerás más al reino de las tinieblas sino que serás trasladado al reino de Dios.

En breves palabras Jesús vino para cumplir los propósitos de Dios:

1) Para cumplir las promesas de Dios

2) Para dar salvación primeramente de su pueblo los judíos, el pueblo de Israel

3) Para dar salvación al mundo, los gentiles

4) Para vencer a Satanás y sus aliados,

5) Para ser un ejemplo al hombre y

6) Para mostrar a Dios padre a través del Hijo.

# EL EVANGELIO

*Y recorrió Jesús toda Galilea,*
*enseñando en las sinagogas de ellos,*
*y predicando el evangelio del reino.*
(Mateo 4:23)

EVANGELIO LITERALMENTE SIGNIFICA "Buenas Nuevas" o "Proclamar las Buenas Nuevas". El Evangelio es la información de que el tiempo de las profecías acerca del mesías, el ungido de Jehová, un rey eterno, un salvador, se había cumplido y que el reino de Dios estaba cerca. El Evangelio también es calificado como: el evangelio de Cristo, el evangelio de Dios, el evangelio de la paz, el evangelio de nuestra salvación.

El evangelio se refiere a Jesús de Nazaret, el Cristo, el Hijo de Dios, el enviado de Dios y todo lo que a Él concierne, su nacimiento, su vida, su ministerio, su muerte, su resurrección y su ascensión a los cielos. En los evangelios bíblicos queda plasmado claramente todo lo que envuelve el paso de Jesús sobre la tierra. A lo largo de todas las epístolas o cartas del Nuevo Testamento se hacen referencias acerca del evangelio.

Las buenas noticias comenzaron a ser predicadas por Juan el Bautista, este anunciaba que el reino de los cielos se había acercado y que el hombre debía arrepentirse (Mateo 3:2). Jesús lo expreso de esta forma:

*El Espíritu del Señor está sobre mí, Por cuanto me ha ungido para dar buenas nuevas a los pobres; Me ha enviado a sanar a los quebrantados de corazón; A pregonar libertad los cautivos, Y vista a los ciegos; A poner en libertad a los oprimidos; A predicar el año agradable del Señor* (Lucas 4:18-19). Este mismo día anunció que en ese día se cumplían estas Escrituras que fueron reveladas al profeta Isaías unos setecientos años antes de Cristo (Isaías 61:1-4).

El acto de evangelizar es la proclamación, la predicación, la comunicación del evangelio del reino de Dios, con la guía del Espíritu Santo, de tal modo que todo aquel que lo escuche tenga una oportunidad de aceptar a Jesús como Señor y salvador y es una invitación a las personas a recibir la gracia de Dios a través de su Hijo, el regalo gratuito de vida eterna.

Es importante que tengamos el conocimiento de que la salvación es un regalo de Dios, es gratuita. El hombre no tiene que hacer ningún tipo de sacrificio para obtenerla, sólo creer y aceptar a Jesús como señor y salvador. *Porque por gracia sois salvos por medio de la fe; y esto no de vosotros, pues es don de Dios; no por obras, para que nadie se glorié* (Efesios 2:8-9).

El Evangelio, en breves palabras establece el cumplimiento de las promesas de Dios, describen todos los sucesos que los siervos de Jehová profetizaron en el Antiguo Testamento ya cumplidos. Estas buenas nuevas exhortan al hombre al arrepentimiento, al deseo sincero de una nueva vida, declaran el mensaje sobre el reino de Dios, el cual se estableció por medio de Jesús, a quien Dios exaltó como Señor de todo. Jesús derrotó de una vez y para siempre a todos los principados, todo poder de las tinieblas (Mateo 28:18).

Finalmente Dios juzgará a todo ser humano según hayan aceptado o no esta buenas nuevas. Nadie tendrá una excusa delante de Dios ya que este evangelio será predicado a todas las naciones (Marcos 13:10). *El que creyere y fuere bautizado, será salvo; mas el que no creyere, será condenado* (Marcos 16:16).

# LA VIDA DE JESÚS

*Porque también Cristo padeció por nosotros,*
*dejándonos ejemplo,*
*para que sigáis sus pisadas.*
(1 Pedro 2:21)

JESÚS, NACIDO EN Belén, en el establo de una posada que se encontraba completamente ocupada, hace más de dos mil años en los tiempos del emperador romano Cesar Augusto. De nacimiento virginal, por concepción milagrosa, y aunque pertenecía al linaje de David por medio de José su padre terrenal, Jesús fue de origen humilde. Le fue revelado a María por el ángel Gabriel, que había sido la elegida para concebir el Hijo de Dios y ella aceptó.

A los pocos días de embarazo de María, esta fue a visitar a su prima Elizabeth quien estaba casada con un profeta y sacerdote llamado Zacarías. Elizabeth era estéril pero Dios la bendijo y engendraron a Juan el Bautista. Tenía Elizabeth seis meses de embarazo cuando fue visitada por María y cuando oyó Elizabeth a María fue llena del Espíritu Santo, y exclamó a gran voz ¡La madre de mi Señor ha venido a visitarme!

El momento de su nacimiento fue revelado por los ángeles quienes proclamaban que había nacido un Salvador. Como lo requería la ley judía, Jesús fue presentado en el templo para ser circuncidado a los ocho días de nacido. Fue en este mismo día, que un hombre llamado Simón, lleno del Espíritu Santo declaró que Jesús era el ungido del Señor. Se crió en Galilea una ciudad de Nazaret, y fue en este lugar y en ese entonces sujeto a sus padres terrenales que Jesús creció en fortaleza y sabiduría.

Jesús seguía creciendo en estatura y gracia para con Dios y los Hombres. José, el padre de Jesús era artesano, se dedicaba a labores manuales por lo que se dice que era carpintero. Era costumbre que los hijos varones ayudaran al padre en sus labores, por lo que sabemos que Jesús hacia el mismo trabajo que su padre.

Luego del nacimiento de Jesús, sus padres engendraron más hijos, por lo que Jesús tenía cuatro hermanos, Jacobo, José, Judas, Simeón y un número indefinido de hermanas (Marcos 6:3). Puesto que María la madre de Jesús lo seguía por todos lados y que Jesús al morir deja a su madre al cuidado del discípulo amado (Juan) y que José su padre no vuelve a ser mencionado, se presume que este murió siendo Jesús de temprana edad y puesto que era el hijo mayor era su responsabilidad ocuparse de mantener la familia.

A la edad de doce años ya estaba instruido en la palabra, como se acostumbraba en esos tiempos con los hijos varones. Los doctores de la ley escuchaban a Jesús y se maravillaban de su inteligencia. Para ese entonces ya era del conocimiento de Jesús que era el Hijo de Dios y que debía ocuparse de los negocios de su padre como el mismo decía.

Pero fue a la edad de treinta años cuando Jesús finalmente inicio su ministerio de manera pública. Fue entonces cuando Jesús pudo dedicarse por completo a los asuntos de su Padre celestial, Jehová.

# Su Ministerio

*Después que Juan el Bautista fue encarcelado,*
*Jesús vino a Galilea*
*predicando el evangelio del reino de Dios.*
(Marcos 1:14)

EL BAUTISMO EN agua, de esta manera inició Jesús su ministerio. Quiero hablarte un poco acerca de este bautismo. El bautismo en agua fue inaugurado por Juan el Bautista. Este comenzó a predicar el evangelio y el bautismo de arrepentimiento para perdón de los pecados por mandamiento de Dios.

Todos los que venían a él y confesaban sus pecados, eran bautizados en el rio Jordán. Por lo que el bautismo es símbolo de que el viejo hombre queda sepultado en las aguas, a fin de que después de esto andemos en nueva vida y no sirvamos más al pecado (Romanos 6:3-6). Simboliza la ruptura con el pasado y la entrada a una nueva vida de santidad y obediencia, donde nos hacemos siervos voluntarios de Dios.

En aquellos días vino Jesús de Galilea a Juan al rio Jordán, para ser bautizado en agua. Aunque el bautismo era señal de arrepentimiento para perdón de pecados, este no fue el caso de Jesús, ya que Jesús era sin pecado (1 Pedro 2:22). Más bien como mismo lo declaró Jesús, así convenía que se cumpliese toda Justicia. El descenso visible del Espíritu Santo en forma de paloma sobre Jesús, como se le había revelado a Juan, fue la evidencia de que Jesús era el libertador prometido, el Hijo de Dios (Juan 1:30-34).

Después de ser bautizado, como cualquier ser humano Jesús fue expuesto a pruebas y tentaciones, las cuales venció usando las Santas Escrituras (Mateo 4:1-11). Fueron probadas su fe y su lealtad y esto quedó como lección para todos, *el hombre si puede vencer las tentaciones y soportar las pruebas con la ayuda de Dios* (Hebreos 2:18). También nos enseña que debemos escudriñar la palabra, que no debemos tentar a Dios, que debemos obedecer a Dios y que sólo a Dios debemos adorar y servir.

Luego de esto y una vez que Jesús oyó que Juan el Bautista estaba preso, dejó Nazaret y vino a habitar a Capernaum en la región de Zabulón y

Neftalí. Fue en este entonces que Jesús inició su ministerio público.

Enseñando en las sinagogas, predicando el evangelio del reino, sanando todo tipo de enfermedades, sordos, ciegos, paralíticos, todas dolencias, liberando a muchos de posesiones demoniacas, resucitando muertos y haciendo muchos milagros, Jesús recorría toda Galilea, Decápolis, y Jerusalén entre otras ciudades.

A pesar de todo esto Jesús declaraba que no había venido para glorificarse ni autoproclamarse ni hacer su voluntad sino para dar a conocer al Padre y hacer la voluntad de Dios (Juan 6:38). La principal misión de Jesús era alcanzar a las ovejas descarriadas de Israel. Jesús era fuertemente criticado por compartir con los pecadores, los marginados, las prostitutas y cobradores de impuestos, a lo que respondió diciendo que Él vino a los pecadores porque los sanos no tenían necesidad de medico (Marcos 2:17).

Aunque mucha gente seguía a Jesús, Él escogió a doce discípulos llamados: **Pedro**, **Andrés** hermano de Pedro, **Jacobo** hijo de Zebedeo, **Juan** hermano de Jacobo, **Felipe**, **Bartolomé**, **Tomás**, **Mateo** el publicano, **Jacobo** hijo de Alfeo, **Lebeo** por sobre nombre Tadeo, **Simón** el cananista, y **Judas** Iscariote el que lo entregó (Mateo 10:2-4).

De estos doce tenía tres íntimos quienes fueron: Pedro, Juan y Jacobo el hermano de Juan. Ser discípulo de Jesús significaba una dedicación exclusiva y sin reservas y una absoluta confianza y dependencia de Dios para todas sus necesidades materiales. En el transcurso de su ministerio entrenó sus discípulos para ayudarle y para que continuaran la misión una vez que Él no estuviera más en la tierra.

Algunos de los aspectos de la vida de Jesús eran que Él no tenía barreras sociales, les dio a los gentiles un lugar con los judíos en los planes de Dios. Lo mismo que se relacionaba con pobres y como con ricos. Jesús estuvo dispuesto a romper con tradiciones y tabúes ya que tuvo especial cuidado con las verdaderas necesidades, físicas y espirituales de la gente.

Jesús nunca puso en tela de Juicio la autoridad de la ley, sino más bien la forma como era interpretada y la actitud legalista en que era aplicada. Esto fue uno de los factores principales de la hostilidad entre Él y los líderes religiosos judíos, especialmente los escribas y los fariseos. Jesús era imparcial, respetuoso, responsable, buen hijo, hermano, amigo y siervo, valiente, razonable, abordable y compasivo. Jesús fue un modelo, un ejemplo para la humanidad.

Entre sus enseñanzas podemos atribuirle por lo menos cincuenta y una parábolas, alrededor de veintiocho sermones, algunas profecías entre ellas su muerte, resurrección y señales del fin, mencionados bíblicamente unos treinta y tres milagros. Advirtió del peligro de blasfemar contra el Espíritu Santo, al atribuir al poder del diablo el ministerio que el Espíritu hacia a través de Él (Mateo 12:31). Jesús hizo especial énfasis en ayudar a los necesitados.

Al final de su ministerio se registran hechos dramáticos como lo fue su entrada a Jerusalén, preparó una notoria entrada aún a sabiendas de que lo buscaban para matarlo. También está la limpieza del templo donde echó del área del templo a los que comerciaban.

Por otro lado organizó la última cena, en la cual se despidió de sus discípulos y les dio algunas últimas instrucciones, reveló la traición de judas a su discípulo Juan. El punto central de la cena fue la participación simbólica en el pan y el vino, que repartió como indicación de que su próxima muerte sería para beneficio de muchos.

Jesús fue finalmente arrestado, juzgado y sentenciado a muerte de cruz, como eran sentenciado en ese entonces los delincuentes y los rebeldes contra el poder imperial. Aunque Jesús era inocente de lo que lo acusaban no se defendió ya que era necesario que así aconteciera (Lucas 24:44).

A lo largo de los evangelios del Nuevo Testamento encontrarás maravillosas e impresionantes historias acerca de la vida de Jesús, que te llevarán a entender mejor como debe ser nuestro comportamiento y actitud especialmente ante circunstancias difíciles. Cristo dejo todo tipo de ejemplo a seguir: *Aprended de mí, que soy manso y humilde de corazón; y hallareis descanso para vuestras alma*s (Mateo 11:29).

No es tarde para comenzar, sólo tienes que tomar la decisión y que mejor forma de hacerlo que conociendo a Jesús, el Hijo de Dios y siguiendo su ejemplo. Adelante no tengas temor porque no estarás solo(a) en el camino, el mismo Jesús te acompañará todos los días hasta el fin del mundo (Mateo 28:20).

# SU MUERTE

*Entonces Jesús, clamando a gran voz, dijo:*
*Padre, en tus manos encomiendo mi espíritu.*
*Y habiendo dicho esto, expiró.*
(Lucas 23:46)

LA MUERTE DE Jesús no fue un hecho circunstancial sino más bien fue parte del plan de Dios cuando envió a su Hijo al mundo. El sacrificio en la cruz, su muerte y su sangre tienen especial y gran significado para la humanidad y muy especialmente para el que entrega su vida a Cristo, ya que es por medio a estos hechos que finalmente el viejo pacto de la ley fue quitado y se estableció un nuevo y eterno pacto siendo Jesús el mediador de este (Hebreos 10:9).

**El Viejo Pacto** (Éxodo 24:8): Dios estableció LA LEY como parámetro de rectitud moral y justicia. Cualquier infracción, violación o transgresión de esta ley era pecado, cualquier persona que no cumpliera, que errara al blanco, o que traspasara los límites de lo establecidos por Dios era una persona injusta, desobediente y pecadora, con un espíritu torcido y pervertido. Es como si la persona se hubiera desviado, encorvado o jorobado en lugar de permanecer fiel, firme o erguida (Deuteronomio 6:24-25).

Como consecuencia del pecado se efectúa una separación, se crea una barrera entre Dios y las personas, la cual produce muerte, ceguera y depravación espiritual. El hombre se vuelve esclavo del pecado y cuanto más practica el pecado, más ignorante se vuelve la persona en cuanto a los valores morales y espirituales. El pecado termina enturbiando y distorsionando la habilidad para distinguir entre el bien y el mal.

El viejo pacto consistía en guardar y poner por obras los mandamientos y las leyes establecidas por Dios, las cuales fueron dadas a Moisés. Cada año durante el día de EXPIACIÓN, que quiere decir borrar las culpas por medio de un sacrificio, el pueblo de Israel renovaba el pacto. Dios designaba un sacerdote quien era el encargado de preparar el holocausto o las ofrendas por el pecado, ofreciendo la sangre del sacrificio expiatorio o sacrificio que borra las culpas. Cada vez que moría un sacerdote era reemplazado por otro sacerdote establecido por Dios.

En otras palabras el pueblo escogido por Jehová, el pueblo de Israel ofrecía animales para ser sacrificados y por medio de la sangre de estos animales el pueblo renovaba la promesa al Señor de guardar su pacto y cualquier incumplimiento de la ley era perdonado a través de estos sacrificios establecidos por Dios (Levíticos 4:13-20).

La ley en si no era mala pero tristemente la humanidad no poseía la capacidad de cumplirla. La ley lejos de mantener al hombre fuera de pecado, despertó en la humanidad un deseo de probar lo prohibido, por lo que años tras años el hombre seguía pecando y sólo quedaba un profundo sentido de culpa (Romanos 7:7-12). Es por esta razón que la ley no es un medio de salvación, es más bien un medio para que el hombre reconozca su incapacidad de manejarse solo y admita su necesidad de dependencia de Dios.

**El Nuevo Pacto** (Mateo 26:28): Jesús anunció el cumplimiento del nuevo pacto cuando instituyó la Cena del Señor. Siendo Él mismo El Mediador de este mejor pacto, establecido sobre mejores promesas (Hebreos 8:6). Jesús es hecho fiador de un mejor pacto ya que es establecido como sumo sacerdote, eterno, inmutable y salvador perpetuo, intercediendo por siempre por los que se acercan a Dios a través de Él (Hebreos 7:18-25). Una vez establecido el nuevo pacto queda abrogado el pacto anterior.

En el nuevo pacto, todos los pactos anteriores quedad confirmados. Jesús cumple las promesas y propósitos de los pactos anteriores. Jesús es la simiente o descendencia de la mujer que Dios prometió aplastaría la cabeza de la serpiente. Jesús es la simiente de Abraham, en el cual serían benditas todas las naciones y es El Rey que se sienta por siempre en el trono de David. Cristo fue el cumplimiento de la promesa de Dios de enviar un redentor, un salvador, para toda la humanidad.

El nuevo pacto significa el cumplimiento de todas las promesas y todos los propósitos redentores que Dios estableció en el pacto de gracia. El pacto de gracia es el regalo de Dios de salvación para vida eterna a través de la fe en su Hijo, es la promesa de Dios de salvar a la humanidad (Efesios 2:8-9).

La gracia nos justifica delante de Dios (Tito 3:5-7).También significa el fin a la maldición de la ley, Cristo nos redimió de esta maldición (Gálatas 3:13). Cristo estableció que las necesidades estaban por encima de la ley y que era necesario hacer el bien en todo tiempo. Es por esta razón que Cristo es el fin de la ley (Romanos 10:4).

Jesús estableció que el hijo del Hombre era Señor del día de reposo (Mateo 12:8) y resumió los mandamientos a sólo dos: Amarás a Dios sobre todas las cosas y amarás a tu prójimo como a ti mismo, concluyendo de esta forma que en estos dos se cumplen todos los demás.

También estableció que el pecado es una condición del corazón. Las motivaciones internas son el origen del pecado, el pensamiento pecaminoso desencadena la manifestación exterior y la acción externa. En otras palabras el pecado es el producto de los malos pensamientos, la corrupción del hombre surge desde el interior, desde su corazón.

La consecuencia del pecado no sólo es personal sino que también produce consecuencias sociales ya que detrás del pecado están todos los problemas interpersonales (Santiago 4:1). Como todo hecho tiene una consecuencia, el pecado también tiene consecuencias y debemos ser responsables de nuestros hechos y asumir las consecuencias, sin buscar excusas y culpables.

En el nuevo pacto, todo aquel que crea en Jesús y lo acepte como su Señor y Salvador, reconozca que le ha fallado a Dios y se aparte del mal camino, será perdonado. Cristo restablecerá su comunión con Dios de manera que podamos venir a su presencia y nuestro corazón sea sanado.

Este nuevo pacto es un pacto inquebrantable y eterno que promete bendiciones para la vida en este tiempo y para vida eterna. La regeneración o nuevo nacimiento, un nuevo comienzo, el perdón completo de pecado, sin más ofrenda o mediador que Cristo, reconciliación con Dios, intimidad con Dios, la restauración, una vida plena y abundante, son promesas para el hombre que está en Cristo en este tiempo.

Una herencia en el cielo y recompensas por las buenas obras, son bendiciones para el hombre que permanece fiel a Cristo hasta el final y son bendiciones para vida eterna. *Este es el pacto que haré con ellos. Después de aquellos días, dice el señor: Pondré mis leyes en sus corazones, y en sus mentes las escribiré, añade: y nunca más me acordare de sus pecados y transgresiones* (Hebreo 10:16-17).

# SU SACRIFICIO EN LA CRUZ
# Y SU SANGRE

*Y si vosotros sois de Cristo,*
*ciertamente linaje de Abraham sois,*
*y herederos según la promesa.*
(Gálatas 3:29)

COMO PODRÁS VER Cristo no sólo murió para darnos salvación, sino que el sacrificio en la cruz y su sangre nos ofrecen un pacto eterno y más. Cuando venimos a Cristo nos convertimos en cristianos y por lo tanto somos herederos de las promesas y estamos aptos para recibir todos los beneficios que Cristo nos otorga.

Muchas de estas bendiciones serán otorgadas después de la muerte física, como la resurrección, la vida eterna y la herencia en los cielos. Otras bendiciones son para este tiempo, pero las obtendremos durante el camino, como la restauración. Hay otras bendiciones que ya están disponibles para el cristiano y que debes conocerlas y comenzar a disfrutarlas y a usarlas.

**Perdón**: El sacrificio de Cristo quita el pecado. Cuando venimos a Cristo arrepentidos de corazón, nuestros pecados no sólo son perdonados, sino que son borrados y olvidados. Morimos al pecado, vivimos bajo la gracia. Tenemos redención por su sangre, somos santificados y Justificados.

Todo el que está en Cristo es una nueva Criatura (2 Corintios 5:17). Cuando entregas tu vida a Cristo eres como un bebe que le ha nacido a Dios, a partir de ese momento Dios comenzará a guiarte, para transformar tus penas en alegrías, tu tristeza en gozo, malas actitudes, malos hábitos, malos pensamientos, en actitudes, hábitos y pensamientos nuevos y correctos.

Es importante que entiendas que el hecho de pertenecerle a Cristo te hace heredero de todas las promesas de Dios, absolutamente todas las bendiciones son tuyas y puedes declararlo con fe y seguridad. La única razón por la cual no puedes comenzar a usarla inmediatamente es porque es necesario que tengas la edad adecuada para saber administrar tu herencia. Dios te dará lo que necesites cada día y te irá aumentando a medida de que vayas mostrando crecimiento, obediencia y responsabilidad.

**Reconciliación**: Somos reconciliados con Dios por medio de la muerte de Cristo (Colosenses 1:20-22). El pecado era una pared que nos impedía acercarnos a Dios, pero la sangre de Cristo derribó esa pared y ahora podemos acercarnos a Dios y establecer una relación íntima y personal de padre a hijo. La muerte de Jesús nos trae a la presencia de Dios. Por medio de la cruz, Jesús destruyó el pecado de Adán y la maldición que vino sobre toda la tierra, la cruz nos reconcilia con Dios. Nos hemos acercado a Dios por la sangre de Cristo.

**Libertad**: Jesús en su muerte tomó nuestros pecados y nos libertó. Somos libre del temor de la muerte (Hebreo 2:15), porque sabemos que un día Él nos resucitará. Dios nos ha librado de la potestad de la tinieblas, nos ha trasladado al reino de su Hijo amado, no pertenecemos al mundo que está gobernado por Satanás, sino que pertenecemos al reino de Dios, donde Jesús es nuestro Rey.

Estamos muertos a la ley, la sangre de Cristo nos redimió de la ley, no estamos sujetos a leyes antiguas del viejo pacto (Antes de Cristo), ni a leyes y regulaciones establecidas por el hombre. Debemos respetar las autoridades y cumplir con los reglamentos que establecen orden y disciplina, siempre y cuando no intervengan con nuestra fe en Cristo. Después de Cristo nuestras decisiones y nuestro patrón de conducta deben ser motivados por nuestro amor a Dios y no por obligación.

Nuestro deseo de hacer lo correcto debe ser engendrado desde nuestro corazón y con la intención de agradar a Dios. Tratar de complacer al mundo o agradar al hombre son motivaciones incorrectas que nos llevarán al cansancio sin haberlo logrado, pero agradar a Dios será totalmente posible con la ayuda de Jesús. Dios nos conoce y nos ama como somos, Él sólo quiere enseñarnos a usar todo lo que somos y tenemos, de manera correcta. Dios quiere que seamos felices.

**La promesa del Espíritu Santo**: *Y yo no le conocía; pero el que me envío a bautizar con agua, aquel me dijo: Sobre quien veas descender el Espíritu y que permanece sobre él, ese es el que bautiza con el Espíritu Santo* (Juan 1:33). Todo el que está en Cristo ha sido sellado con esta promesa (Efesios 1:13). El Espíritu de Dios ha sido puesto en ti, para guiarte a toda verdad, para consolarte y poner en ti todo lo que necesites para permanecer fiel y para ser un vencedor.

Es importante que le des la bienvenida a tu vida al Espíritu Santo, que lo conozcas y establezcas una relación con Él.

# Su Resurrección

*No está aquí,*
*pues ha resucitado, como dijo.*
*Venid, ved el lugar donde fue puesto el Señor.*
(Mateo 28:6)

Como lo dijo Jesús, así mismo aconteció, fue crucificado, muerto y sepultado, luego resucitó al tercer día, y apareció a sus discípulos. Después apareció a más de quinientos hermanos a la vez, los cuales dieron testimonio de haber visto al Cristo resucitado. Jesús fue el primero en resucitar para reinar por la eternidad, como garantía de que de igual forma resucitará a todos los que mueran en Él.

De la misma forma que la muerte entró por causa del pecado de Adán, también por la obediencia de Cristo entró la resurrección de los muertos. Todo aquel que muera en Cristo será vivificado, primero resucitaran las primicias que son los 144,000 redimidos de entre los hombres (Apocalipsis 14:4), luego los que son de Cristo, en su venida (1 Corintios 15:23).

Bienaventurado y santo el que tiene parte en la primera resurrección; la segunda muerte no tiene potestad sobre éstos, sino que serán sacerdotes de Dios y de Cristo, y reinarán con Él mil años (Apocalipsis 20:6).

Luego de esto será la resurrección final, donde todos serán resucitados para el juicio ante el gran trono blanco de Dios. El mar entregará sus muertos, la muerte y el hades entregarán sus muertos y serán juzgados cada uno según sus obras. Todo lo que hacemos durante nuestra vida aquí en la tierra, sea bueno o malo, va quedando registrado en libros que serán abiertos en ese día (Apocalipsis 20:12-13).

# Su Ascensión

*Y habiendo dicho estas cosas,*
*viéndolo ellos, fue alzado,*
*y le recibió una nube que le ocultó de sus ojos.*
(Hechos 1:9)

COMO LO ANUNCIARA Jesús antes de su muerte: *Salí del Padre, y he venido al mundo, otra vez dejo el mundo, y voy al Padre* (Juan 16:28). Jesús subió a los cielos, está sentado a la derecha de Dios Padre y desde allí intercede por los que son de Él y por el mundo para que se arrepientan de sus maldades y alcancen perdón, restauración y vida eterna.

Jesús también aseguró a sus discípulos que todo poder le había sido dado en la tierra y en el cielo y que de la misma forma Él les otorgaba poder a ellos (Marcos 16:17-18), con el propósito de que predicaran el evangelio por todas las naciones y le enseñasen todo lo que a su vez Jesús les había enseñado a ellos y aún más, ya que el Espíritu Santo les haría saber todas las cosas que habrían de venir (Juan 16:13).

# JESÚS REGRESARÁ

*Este mismo Jesús,*
*que ha sido tomado de vosotros al cielo,*
*así vendrá como le habéis visto ir al cielo.*
(Hechos 1:11)

AUNQUE NADIE SABE el día ni la hora, ni aún los ángeles de los cielos, sino sólo Dios Padre, ciertamente Jesús regresará. De la misma forma que las profecías se han cumplido, esta también se cumplirá. La palabra dice que Jesús vendrá como ladrón en la noche, en un abrir y cerrar de ojos y nos exhorta a estar alertas, vigilantes, manteniéndonos firme en Cristo.

De la misma forma que Jesús anunció su muerte, su resurrección y su ascensión a los cielos, también predijo su regreso a la tierra y dio algunas señales del fin, asegurando que su regreso sería antes del fin. Jesús dijo que habría gran tribulación, cuan no la ha habido desde el principio del mundo hasta ahora, ni la habrá (Mateo 24:21). Hay muchos que piensan que Jesús ha tardado en su promesa de regresar y otros se burlan de los que esperan en Él, pero la realidad es que Dios es paciente para con nosotros, no queriendo que nadie perezca, sino que todos procedan al arrepentimiento.

Indudablemente Jesús descenderá del cielo con gran poder y gloria, acompañado de sus ángeles y hará juntar sus escogidos, desde donde quiera que estén, los muertos en Cristo resucitarán primero, luego todo aquel que esté vivo y en Cristo en ese momento serán arrebatados juntamente con los resucitados y se reunirán en las nubes para recibir al Señor en el aire, y así estaremos por siempre con Jesús (1 Tesalonicenses 4:14-17), este será lo que la iglesia llama **El Rapto**.

Luego de esto Jesús se manifestará al mundo donde todo ojo le vera, este será **Su Regreso** y herirá las naciones (Apocalipsis 19:11-21), atará por mil años a Satanás (Apocalipsis 20:2) y juzgará a su pueblo, el cual reinará con Él por estos mil años (Apocalipsis 20:4).

Después de estos mil años Satanás será suelto de prisión por un espacio de tiempo y se le dará permiso de engañar las naciones y luego será lan-

zado en el lago de fuego y azufre y será atormen-
tado día y noche eternamente (Apocalipsis 20:10).
Después de esto será el gran juicio final, todas las
personas serán juzgadas y al igual que Satanás, la
muerte y el hades, aquel que su nombre no esté
inscrito en el libro de la vida, será lanzado al lago
de fuego (Apocalipsis 20:15).

# CONCLUSIÓN

*Para que abras sus ojos,*
*para que se conviertan de las tinieblas a la luz,*
*y de la potestad de Satanás a Dios;*
*para que reciban, por la fe que es en mi, perdón*
*de pecados y herencia entre los santificados.*
(Hechos 26:18)

CON ESTAS PALABRAS que dijo Jesús al apóstol Pablo cuando le hizo el llamado a convertirse a Cristo y a predicar el evangelio a los gentiles, con estas mismas palabras quiero concluir lo que pido a Dios sea el inicio de una nueva vida para ti.

Abre tus ojos, para que puedas ver el engaño de Satanás. Dios te da a elegir en este día, haciéndote entender que este mundo está gobernado por Satanás y que Él te ofrece liberación, salvación. Dios quiere que recibas por fe a su Hijo Jesús, para que seas trasladado del mundo de las tinieblas al Reino de Dios, para que tus pecados sean perdonados, tu vida sea restaurada y puedas recibir tu herencia que está en los cielos.

Jesús pagó un precio por todo aquel que lo reciba y aunque es la voluntad de Dios salvarte, recuerda que Él no te obligará pues te dio libertad para escoger. Es tu decisión si quieres recibir la salvación de Dios a través de Cristo.

Nadie sabe la hora ni el día, no esperes más para recibir todo lo bueno que Dios tiene para ti. El enemigo no te permite verlo porque tu estas bajo su dominio, porque no has tomado la decisión de entregar tu vida a Cristo y dejarte guiar por el Espíritu Santo. La palabra dice: *Pero cuando se conviertan al Señor, el velo se quitará* (2 Corintios 3:16).

No necesitas estar preparado para venir a Cristo, realmente es Cristo quien una vez que tu hayas puesto tu vida en sus manos, se encargará de ayudarte y guiarte. Así te dice Jesús: *Venid a mi todos los que estáis trabajados y cargados, y yo os haré descansar* (Mateo 11:28). Te hago una invitación en este día, a que vengas a Jesús. No importa en la condición que este tu vida en este momento, no importa cuánto hayas pecado, no importa que tan grande sea tu culpa, sólo confía en la palabra de Dios, que es fiel y verdadera. Sólo repite en voz alta esta confesión de fe:

*Señor en este momento me presento ante ti*
*reconociendo mi condición de pecador,*
*creo con mi corazón que Jesús es tu hijo,*
*que Tú lo resucitaste de entre los muertos.*
*Desde este momento lo declaro como el Señor*
*de mi vida por lo tanto a través de Él,*
*recibo la salvación como regalo tuyo.*
*Enséñame todo lo que necesito aprender,*
*para que nada me aparte de ti.*
*En el nombre de Jesús,*
Amén

Si has hecho esta confesión de fe entonces te doy la bienvenida al reino de Dios y declaro que has sido sellado con su Espíritu Santo, ahora comienza una nueva vida para ti. Dios ha perdonado y borrado tus pecados, la sangre de Cristo te ha limpiado para que comiences una relación con tu padre Dios. En este momento hay fiesta en el cielo por causa tuya, olvida todo lo que quedó atrás y comienza a caminar con Cristo, estudia la palabra, ora en todo momento, y nunca te apartes de Dios.

Poco a poco, con amor y paciencia el Señor ira formando una nueva persona en ti. Tu forma de pensar, de hablar y actuar irán siendo transformadas. Nunca te rindas ni vuelvas atrás porque tu victoria no depende de que tan rápido sea tu transformación, sino de que te mantengas firme confiando en que el que comenzó la obra en ti la terminará.

Recuerda que Dios en su acción pasiva, permisiva es justo. Dios es multiforme en su manera de actuar, es decisión de Él qué método quiere usar para obrar en tu vida. En ocasiones obrará milagrosamente con el poder de su Espíritu, en otras te dirá que debes pasar esa prueba que Él ha permitido en tu vida, porque tiene una bendición mayor para ti a través de ella. En otras ocasiones te dirá que uses los medios que Él te ha dado o usará a sus ángeles o tal vez una persona de su elección, para ayudarte.

Debes confiar en que la solución y el método de Dios son siempre el mejor para ti y que su tiempo es perfecto. Además el ser humano es tan diverso que sólo Dios puede saber lo que cada uno de nosotros necesitamos. Recuerda: "la desobediencia siempre traerá malas consecuencias" y la restauración tomará tiempo y procesos que no serán fáciles pero serán seguros y de bendición para todo aquel que se ponga en manos de Dios.

No olvides que: *El que dice que permanece en Él, debe andar como Él anduvo* (1 Juan 2:6). Así es que si por alguna razón le has fallado a Dios te invito en este momento a reconciliarte con Él, sólo repite esta oración con todo tu corazón:

*Señor reconozco que te he fallado y te pido perdón.*
*Ayúdame a no fallarte más, a confiar en ti*
*y a permanecer a tu lado.*
*En el nombre de Jesús.*
Amén.

Si sientes el deseo en tu corazón de decirle o confesarle algo más a tu Padre celestial, sólo hazlo y una vez que hayas terminado, recibe su perdón y no le falles más. Disfruta las bendiciones que Dios te ha dado y espera gozoso y firme en Cristo, las que han de venir.

# REFERENCIAS

Biblia Plenitud (Biblia de estudio). Versión Reina Valera, 1960 © 2007 por Grupo Nelson

Diccionario Bíblico Ilustrado Holman. Edición General: S. Leticia Calcada. ISBN: 978-0-8054-9490-7

Nuevo Diccionario Bíblico Certeza (Segunda edición). Ediciones Certeza Unida.

El Pequeño Larousse Ilustrado. © 2007 Diccionario Enciclopédico Ediciones Larousse, S. A. de C.V. (Decimotercera Edición).